Joachim Sartorius

WOHIN MIT DEN AUGEN

Joachim Sartorius

WOHIN MIT DEN AUGEN

Gedichte

Kiepenheuer & Witsch

AUGEN

Meine geschätzten Augen, es steht nicht zum Besten mit euch.
Ihr liefert mir unscharfe Zeichnung,
Und wenn Farbe, dann vernebelt.
Doch wart ihr die Koppel königlicher Spürhunde,
Mit der ich seinerzeit früh morgens aufbrach.
Meine begierigen Augen, ihr habt viele
Länder und Städte, Inseln und Meere geschaut.
Gemeinsam begrüßten wir großartige Sonnenaufgänge,
Als der weite Atem uns zum Lauf
Über Wege mit verdunstendem Tau rief.
Nun habt ihr etwas gesehen, das in mir verborgen ist,
In Rückblick oder Traum verwandelt.
(...)

Czesław Miłosz

SIZILIEN IST NICHT TOT

AUFWACHEN IN ORTIGIA

Die Nacht wäscht das Meer.
Am Morgen ist das Wasser neu.
Auf der Netzhaut wird Licht
mit Gischt bezahlt.

Ich bürste Salz vom Tisch.
Ich küsse die Augen der Echse.
Ich schneide das Brot.
Ungemein hell wird der Tag.

Später nimmt dir die See
die Münzen ab
und ritzt in eine jede
den Namen einer Nymphe

für das lange Glück,
am Leben zu sein.

AUF DER TERRASSE, PIAZZA DEL PRECURSORE

für (und nach) Vincenzo Consolo

Vor uns das Meer, so hoch wie unsere Augen,
Fischerboote im leichten Seegang, morgen wird es
Sardinen geben, Rotbarsch oder den großen Schwertfisch.
Er, nur er, wird am Markt zwei Nelken in den Augen haben,
mit Zitronenmelisse gefüllt das Maul, die Kiemen mit Basilikum,
und der Händler wird schneiden, oho – ho! mit dem breiten Messer
den Schwertfisch schneiden, bis nur noch Kopf und Schwert
mit dem blutigen Haken übrig bleiben. Dabei denke ich
an die bunten Raketen, die gestern bei der Hochzeit
in San Giovanello in den Himmel geschossen wurden
und ins Meer fielen, brutzelnd wie Fische, brutzelnd
wie der Schwertfisch in unserer Küche – morgen.

Morgen, beim Gelage, bei den Düften von Myrrhe und Melisse,
werden wir an Mytilene denken, gegenüber Kleinasiens Küste,
die Hauptstadt von Lesbos. Stimmt es, was Cicero sagte,
dass eine Statue von Sappho in der Stadthalle von Syrakus
errichtet wurde? Aus Porphyr? Wenig ist gewiss, die Fragmente
nicht zu ergänzen, die Stimmen von den Booten in Stücken.

SIZILIANISCHE NEBENINSEL

Hier sind nur Kapern und Liebeskraut.
Wenn du auf den Berg steigst, siehst du
von fern die Schulter der schönen Göttin
(wie die Alten die Hauptinsel nannten).
Die reife Sonne funkelt im Köcher und sinkt.

Sagt sie uns an? Später, in der Dämmerung,
die Körper zwischen Stein und Gischt.
Wir lassen uns in Fähren zurücktragen,
in Innenstädte, zu Plätzen im Neonlicht.
Verstreuen dort vom Durst benommene Worte.

Seit immer schon ist alles Vergangene hier und jetzt.
Die runde Erde ohne Baum, das schroffe Blatt.
Die Steine spielen gleichgültig mit dir, die Katzen.
Was sagte die Nebeninsel? Dass du dich zu Ende
erinnert hast, jetzt in einem anderen, festeren Raum?

SELINUNT

für Nicolas de Staël, der am Abend
in Selinunt hinausschwamm

Das Gewicht der Farben
hat mich hierher gebracht
zu diesen Griechen der Meere
zu diesem unfassbaren Haufen Stein

zu diesen Tempeln
ausgesetzt göttlicher Wut
das Meer seither Blei
in diesem Blei verschwand ich im Samt

die Wellen kämmten die braunen Algen
verschiedene Schichten sehr alter Zeit
aufgesaugt vom Schwamm der Nacht
durchlöcherte Sandalen

Die Nacht sehr hoch der Himmel
extrem deutlich sehe ich
diesen Himmel spachtle ihn
zu mit Kobaltweiß

DIE NEKROPOLE VON PANTALICA

Der Reiher fliegt in die Wälder und füllt seine Flügel mit Gewürzen.
Der Himmel ist aufgespannt wie ein Fell, hellgrau.

Ich bin der Hirt, der Feigen schlitzt.
Schön spreche ich über die grauen Schafe.

Und schöner noch über die dunklen Gräber.
Den ersten Schmetterling, braun und nervös.

Hoch auf dem Berg liegt aufgeschlagen
das Bestimmungsbuch für die Arten seines Flugs.

TRAPANI

Seit alters her floriert die Stadt dank
Korallen und Thunfisch, Salz und Wein.
(aus einem Reiseführer)

Hellrot und dunkelrot, weiß und weißgelb:
Unter den Oleandern der Viale delle Sirene
macht das Musengelichter einen irr.

Die Elster seh ich schwarz inmitten der Orangen,
um einen Echsenschwanz gewickelt den Poeten.
Der weiß nicht ein und weiß doch aus:

Aus der Zeit zu fallen und Korallen mit sich
reißen, Federn, leisen, raschelnd in den Fall.
Schon sehnt sich der Himmel, dehnt er sich.

Und der Plüsch der Geschichte wird dünn. Wird
fadenscheinig. Wird reißen. Wir stehen da, ganz nackt
und gar. Selbst die Zyklopen rennen meckernd davon.

SIRACUSA

Unter dem schwarz quellenden Wasser,
Arethusa, habe ich dich gesehen,
deine Haut weißer als Ricotta
und fest wie eine unreife Traube.

Dann deckten Schwingen und Schilf dich zu.
Ich hatte hinter den Luftwurzeln gelauert,
am Ende der langen leeren Allee, auf dich.
Beim Meer, unvermischt mit der Quelle.

Der Flussgott ist abgeschlagen, alles
im Sommerschlaf, unter dunkelsten Vorsprüngen.
Doch überall, wo es dunkel ist, steht
geschrieben, dass ich, Arethusa, dich suche.

Nachts seh ich die Leute stehen in den Cafés.
Ich gebe nicht auf. Sie halten mich für einen
Verrückten, wenn ich rufe: Habt Erbarmen
mit dieser Geschichte der Liebe von zwei Flüssen.

MORIRE A SIRACUSA

»Mir, der ich bloß ein wandernder Rhapsode,
Genügt ein Freund, ein Becher Wein im Schatten,
Und ein berühmter Name nach dem Tod.«
August von Platen

Er flieht vor der Cholera von Neapel nach Palermo.
Von Palermo nach Syrakus,
wo er Quartier nimmt in dem Albergo Aretusa.
Hier, von der ganzen Welt abgeschieden,
notiert er im Tagebuch am 13. November 1835.
Die Jünglinge wollen von dem Blassen nichts wissen.
Die Kraft zum Sommer hatte ihn verlassen.
Darmblutungen und andere Schwächen.
Die Sprache des kranken Betts ist Geheimsprache.
Worte, die nur in der Nacht gültig sind.
Für die Nacht gemacht, in der sie sich verlieren.
Seelen wählen. Keine Ghaselen mehr.
Der Diener des Barons Landolina hilflos.
In seinen Armen stirbt er, 39 Jahre alt
unter der Sonne Großgriechenlands.

Sein Grab wird in die kleine Latomie gehauen.
Landolina trägt Sorge dafür, mit Marmor und Inschrift.
Worte überdauern Gräber, übersagen den Tod.
Sein Ruhm? Blass wie er an den letzten Tagen.
Aber Bewunderer aus Ansbach renovieren die Stele.

TÉLÉPHONE ARABE

Ibn Hamdis gedenkend

1.
Zweimal gibt es seinen Divan, von ihm selbst
geschrieben in akkurater, beschwingter Kalligraphie.
Ein verstaubtes Exemplar in der Bibliothek des Vatikans.
Das andere im Asiatischen Museum in St. Petersburg.
Wie sind sie dahin gekommen? Die späten Gedichte
handeln vom Altern. Er starb in Palma auf Mallorca,
nach mancher Irrfahrt, siebenundsiebzig Jahre alt.

2.
Bis zum Schluss war sein Haar lockig und dunkelbraun.
Doch den Freunden am Hof von Sevilla kam es vor,
als habe sich eine weiße Aura um seinen Kopf gelegt.
So hieß er der Weißhaarige (oder der Rüstige und Weise).
In seinen Gedichten fiel die eigene Hinfälligkeit in eins
mit dem Niedergang der Araber in Sizilien und Andalusien.
Von Syrakus war er mit dem Schiff nach Sfax geflohen.

3.
Geflohen, als die Normannen kamen. Sein Schiff lief
auf Grund. Niemand schreibt über den Verlust
seines Herzens. Er schreibt über den Verlust Jawharas,
die ertrank, schöne, sehnsüchtige Elegien. Noch heute
liegen sie wie Schlangenhäute an unserem Wegrand.
Téléphone arabe, knisternde Post bis zu den Balearen,
fern vom Vatikan und ferner noch von Petersburg.

BEIM BARBIER, VIA ROMA, ORTIGIA

Wieder beim Barbier. Klingenspiele und
Lichtspiele, wenn die Sonne über den Boden streift.
Die Birnen an den Ranken hängen unverändert gelb
und schwer. Nur die Wolken am Spiegelrand
sind weiter aufgequollen. Blindheit droht.
Das Meer ist quallenlos, sag ich zu meinem Barbier,
und bitte, *barba e capelli, ma non troppo corto*.
Er nickt und säbelt ab, was mir an Haaren bleibt.
Es ist kühl in diesem barbarischen Verließ.

Eine kühle Hitze wirbelt die Haare vom Boden auf.
Draußen werden die Sonnenschirme umgelegt.
Der Tag soll windig werden und hell wie Schnee.
Ich trete hinaus, reiche bis zu den schwarzen Quadern
der spanischen Befestigung. Eine Galeere schaukelt
mit langen blauen Tentakeln in der Dünung und
will mir Hiebe schenken, glückliche Striemen mir.
Ja, hat der Barbier gesagt, schreib den Katalog der Quallen
und achte auf ihre Tausendaugen, im Wasser.

PANINO DI NOTTE

Im *Grillo* schwimmt eine dicke schwarze Fliege
Palmen verzweigen sich in erstaunlichen Linien
wir müssen die Gestelle verschieben sonst

gibt es Asche in der Tasche Schon hat der Vulkan
Asche in die Stirn gerieben in die Furchen der *Cedro*
Nur in der Eisdiele gegenüber ist alles noch bunt

Aber ich ziehe die nächtlichen Brötchen vor
dick belegt mit gehärteten Fetten die glühen
schön vor den Palmen und der schwarzen Nacht

Mandelöl grüßt komplizenhaft die Säuren
das mag ich und wie die angestrahlten Palmen
hell rauschen fast singen: *Silly Cilly*.

LÜGEN ÜBER CARAVAGGIO

in memoriam Guiseppe Monteleone

Der Zwerg zieht vorbei.
Ist er überhaupt hier gewesen?
Einziger Stern am Himmel von Syrakus.
Die Wucht des Lichts dahin.

Über Caravaggio in dieser Stadt gibt es
zu viele Fabeln. Alle sind wahr.
Musik tönern, karnevalesk.
Der Zwerg zieht vorbei.

Minetti, der Freund? Eine Gasse
ist nach ihm benannt, nach M.
Angeblich trafen sie sich hier,
um über Gewalt zu sprechen, in der Malerei.

Minetti malte rote Eidechsen
und übermalte sie wieder,
traurige Wut. Er die Grablegung
der Stadtheiligen, der Santa Lucia.

Wenn alle Geschichten mit Vielleicht
beginnen, stimmt eine Farbe nicht.
Der Gecko an der orangenen Wand.
Gefleckt ist er

wie die Hand eines alten Mannes.
Sein Leib schwarz von Fliegen,
der Hals weiß, und lügnerisch auch er.
Der Wind hat Sand in die Taschen getrieben.

ORTIGIA

tags weiß
abends zimtfarben

ein letztes Steineglühen
die Sonne soll nicht untergehen

soll nicht sinken
kein fallendes Glück

nur unaufhörlich die Bewegungen
der Schiffe im Porto Grande

auf der Suche nach Ankergründen
bevor das Wasser sich verschließt

REPLIK

Ich will den Sommer im Sommer bewundern.
Ich will im Meer mein Meer bewundern.
Ich will drei Delphine zu Arethusa bringen.
Vier sind wir, die ihren Silberrücken bewundern.

Aber auf den Münzen fehlt ihr Rücken.
Nur Kopf und Hals, silbrig umschwommen.
Pound und Yeats hatten im *Museo Archeologico*
die numismatischen Sammlungen genau studiert.

Diese Münze sei die schönste Münze
der antiken Welt, schrieb Yeats nach Hause.
Sie kamen zu dem Schluss, zu dem zuvor schon
alle gekommen waren. Pound kaufte eine Replik.

GROSSER HAFEN VON SYRAKUS

Wenn sie nicht länger die Strahlen sahen
vom goldenen Schild der Artemis, warfen sie
Honig und Weihrauch in die Wellen.

Der Honig sank unvermischt zu den Wracks
auf dem Grund. Hier hatte die Flotte Athens
gegen Syrakus gekämpft, eine Kolonie,

die zu mächtig wurde und zu arrogant.
Athen unterlag. Hundertfünfzig Schiffe sanken,
das Wasser war rot, eine einzige Schmach.

7000 Athener, schätzt man, wurden versklavt
und schufteten in den Latomien. Heute sind
diese Steinbrüche grün, verwunschen, *pittoresk*.

Das Wasser des großen Hafens, der die größte
aller Schlachten sah, ein geriffelter Spiegel. Lasst uns
einen Toast ausbringen auf Hermokrates, auf Gelon!

Doch zu früh, wie stets, freuten wir uns ihrer Siege.
Die Syrakusaner sprangen über blindes Glas,
verzettelten sich in Kleinkriegen. Unaufhaltsam: Rom.

ÜBUNGEN: WAS BLEIBT

Rabiates Blau dort hinten und vor uns
Graues. Graues Rund. Schroff groß
die steinerne Muschel des Theaters.
Sophokles war hier, Aristophanes.
Jetzt huschen Echsen über trockene Steine.
Sand hat dem Meer die Grenze gesetzt.

So ist von der Versuchung der Macht
kaum etwas geblieben. Ein paar Anekdoten.
Eine Ameisenstraße. Allein, auf uns gestellt
gehen wir voran in der Mitte der Schlucht.
Die Steine haben bereits dunkle Flecken.
Dem Meer hat Sand die Grenze gesetzt.

INVENTUR DES VULKANS

für Uwe Timm

Heute wollen wir Syrakus hinter uns lassen,
heute wollen wir in die Berge,
der Erde ihr schwarzes Fett aus der Vorzeit rauben,
die Spelzen, die blauen Schatten, die verwischten Abdrücke
all derer, die hier vorüber zogen,
Sikelen, Punier, die Leute von Korinth, die Haudegen aus Grigenti,
wollen rauben, was übrig geblieben ist
von Ähren, Vorräten, Schwüren und schartigem Eisen.

Ein fetter Gürtel aus Lava hat sich um uns gelegt,
fruchtbar geworden im Lauf der Jahre,
das Metronom tief im Vulkan verspottet die Messgeräte,
nur die erkalteten Ströme lassen sich berechnen.
Noch sind wir im ersten Kranz der kleinen Krater,
wir versuchen voran zu tänzeln, voran zu stürmen,
aber der Vogel auf dem Maulbeerbaum
schlägt mit seinem Flügel in unser Gesicht.

Wir fanden: Vulkangerste, Vulkanhafer, Blutorangen.
Wir fanden: versteinerten Meerfenchel (woher der kam?).
Zu Klumpen versteinertes Feuer fanden wir, Pechrauch,
gebrochene Lavazähne, aus geborstenen Spalten wachsend,
aus alter Kruste, Reptilienhaut, glutzerfressener.
Als wir zurückkamen nach Syrakus, stand die Gischt hoch.
Dem Erdbeben war dem Spalt entlang ein Meerbeben gefolgt.
Wir fegten die Terrasse, schwarz von vulkanischem Staub.

IM HINTERLAND, ABENDS

Ich hatte keine Pfeile.
Ich schoss mit Pfeilen auf gelbe Birnen.

Wohin mit den Einschusslöchern?
Mit dem Saft, der quillt?
Wohin mit den Augen?

Die Gegend ist zerfranst, voll Spreu
und toter Zikaden.

Die Fledermaus bittet
um einen schnellen, eckigen Tanz.
Silbrig ist sie unter den Schwingen.

Hat sich das Meer hierher verirrt?

KEDI

oder

KATZE VON VAN

»... und eiserne Krummsäbel werden in diesen
weichen Pfoten gewetzt«
Alexander Shurbanov, Hütet euch vor Katzen

KEDI I

Unter den langen Schnurrhaaren
lächelt sie im Schlaf.
Erinnert sich an drei Mäuse,
mit denen sie in der Frühe spielte,
und wie die Amsel mit ihren Flügeln schlug.
Kleine Katze, vor der Umarmung
wusste ich nichts von der Wärme des Lebens.
Dein weißes Fell ist eine Anrufung wert.
Wie Schnee. Wie Licht, das langsam atmet.
Wie eine langsame Wolke, die vorüber zieht.
Oder eine sanfte Gischt, die der Wind hochstellt.
Später trollt sie sich, den Schwanz gereckt,
hört mir nicht zu. Nur Verachtung. Für sie vergehen
die Tage nie. Nur Jugend und Hunger und wieder Schlaf.
Und in der Nacht die Augen einer Hunde-Katze,
leuchtend im Dunkel. Mein Herz bebt in ihrem Leib.
Ich weiß: Mit größter Geduld übt sie Grausamkeit.

KEDI II
(Zärtlichkeiten)

Ich kraule die verborgenen Orte
in deinem weichen Flaum,
streiche über deine dreieckige Nase,
die rosa ist, feucht,
nie ledern
wie bei anderen Katzen.

Du machst dir nichts
aus den Erzählungen der Menschen.
Also schweige ich.
Nur deinen Namen sage ich ab und zu,
und dass du schön bist.

Und dass dein Gang
ein Band aus Samt ist,
der mich zum Hörtest treibt.

Du bleibst stehen,
schmiegst dich an mein Knie.
Ein leises Schnurren.
Ist dieses Schnurren
das Wesen des Lebendigen?

KEDI III
(Diwan)

Weil sie aus der Türkei ist
der östlichsten türkischen Osttürkei
versteckt sie ihre Gefühle
sogar vor dem Mond

sie gähnt denkt lange nach
lange gähnt sie hält mein Gedicht
für ein blau gekacheltes Bad
ein gut beheiztes Bad weil blaues

Tulpen haben für sie rote Turbane auf
sie muss sie zerfetzen schon blutet
meine Hand schon gibt es rote Striemen
schon freut sie sich auf tiefe Schmucknarben

despotisch wie ein Eunuch ist sie
gewölbt wie jener Mond vor dem sie
ihre Gefühle versteckt springt sie auf den Diwan
östlich gestreift mit Westen wie dies Gedicht

KEDI IV

Sie strauchelt nie
sie pirscht oder läuft oder springt
meist schläft sie
neulich machte sie einen halben Salto
um vom Himmel eine Libelle zu pflücken
und landete lässig auf ihren vier Pfoten
ohne Beute tatendurstig
alles erregt sie
Schmetterlinge und Frösche und Mäuse

ich versuche sie zu beruhigen
bringe ihr Futter und öffne die Tür
wir sprechen wenig
sie versteht nicht, dass ich sie nicht verstehe
sie mag die Menschen nicht
mag auch andere Katzen nicht
sie mag Wärme und Stille
ihr ganzes Sein kann
am Abend Stille sein

KEDI V

Wenn sie aufwacht, ist sie betäubt von Schlaf
und gähnt noch, wenn sie die Spitze
des Wildbirnbaums erklommen hat.
Sie schaut auf mich herab und gähnt.
Sie gähnt stolz, wie es nur Schneepumas tun.
Ein Gartengeist, der über Mäuse, Frösche,
Libellen, Sandalen und Amseln wacht.
Warum ist sie so lautlos, so worttot,
nichts als Wahrnehmung und Instinkt?
Nur treuer über die Jahre, das schon.
Mit ihren zweifarbigen Augen dreht sie
eine Runde im Garten und schließt alle Türen.
Die Zukunft, schnurrt sie, ist mir kein Anliegen.
Sind die Falter gelb, ist das Gras welk.

KATZE VON VAN

Van im Osten ist kein besonders gefüllter Ort
Hat sie eine allerschwächste Erinnerung daran?
An eine gelbe Brache zwischen urarträischen Mauern
und modrigen Fischkisten am Rand des Markts?

Im Winter deckt viel Schnee alles zu
auch ihr Gedächtnis
ein Gestrüpp aus Lanzen und Bächen
Der Schnee muss groß sein und er muss tropfen

Viel Schnee deckt alles zu
Die in Rapsöl eingelegten Fische
Süßwasserfische Hartwasserfische
Weißgelber Schnee und sehr weißes Fell

Nachts legen hier keine Schiffe ab
Antakya ist nur über das Gebirg zu erreichen
Artvin ist nur über Schluchten zu erreichen
Nie wird man müde, Kedi, sich zu sehnen

REQUIEM FÜR EINE KATZE

Für eine wilde Katze. Eine dumme Katze.
Immer in Panik. Als die Feuerwehr kam,
sprang sie vom Balkon sieben Meter in die Tiefe.
Gebiss blutig. Ohne Not. Veterinär. Am Ende
der Betäubung größere Wildheit. Lässt sich nicht
fangen, springt in die Katakomben der Giudecca,
bei der Chiesa San Filippo. Die Hysterische bringt
der *gatta fugata* Wasser, Thunfisch, Snacks.
Die Augen der Katze groß, verrückt, Bernstein.
Geduckt, wachsam. Ich liebe die Panische
ohne Grund. Nachts träume ich von ihr,
wie ihr ein Adler in den Nacken hackt.

DIE KATZEN DES KUNIYOSHI

Die Schwänze der japanischen Katzen
sind so viel kürzer als die unserer Katzen.
Lange Stummel. Wurden sie bei Geburt gestutzt?
Ich muss Kuniyoshi fragen. Er kennt sich aus.
Immer hat er Katzen in seinem Atelier. Stirbt eine,
weint er und bittet Ako, den Meisterschüler,
sie im Tempel von Fukagawa zu bestatten,
mit einer goldenen Münze auf dem Urnenverschluss.
In mehr als fünfhundert Holzschnitten hat er
seine Katzen verewigt. Fast alle putzen sich,
viele spielen Theater, die dritten schmiegen sich
an den Hals der Kurtisanen oder klettern
im Inneren ihrer Kimonos hoch zu den heißen Stellen.
Katzen suchen Wärme. Sie schnurren dann, lustvoll.
Für dieses Schnurren hat Kuniyoshi Bilder gefunden,
wie kein anderer Künstler vor ihm und nach ihm.
So wie Wirkliches wird, wenn Wort zu Wort sich setzt,
so schnurrt es, wenn Stoff sich bauscht an rotem Stoff.

KEDI VI

Sie schaut in die Nacht.
Schwarze Eidechsen, die sie nicht
fangen kann, hinter dem Fenster.
Sie ist schon alt. Weiß sie,
wie schlank sie war, wie elastisch
das kleine Raubtier in ihr fauchte?

Nun ist sie eine Dame, das Kinn
gepudert vom bunt schimmernden Staub
der Schmetterlingsflügel.
Aber sie leuchtet von innen.
Jahre spielen da keine Rolle mehr.

Immer noch sind ihre Ohren rosa,
Säuglingsohren, und
die zwei Silben ihres Namens
Ke – di, Ke – di
liebkosen meine Zunge.

KEDI VII

Immer nimmt sie ihre Krallen
mit in die Nacht, und die Träume.

Reisen mag sie nicht. Vor dem Flug
sind ihre Tatzen feucht von Schweiß.

Sie will die Schüssel noch vergraben,
den Vorrat Angst. Die Schüssel splittert.

KEDI VIII
(außerirdisch)

»Möge diese Katze den Himmel zerkratzen.«
Joseph Lalande (1732-1807)

Enthalten dich die maßgeblichen Sternenkarten noch? Sind
diese drei Sterne gewunden, dein Schwanz damit verbunden?
Dein auf Pfoten gestütztes Maul, schnauft es noch so nah am Mond?
Und von wo schlägt das Licht in blauen Wellen an dein grünes Aug?

Überhaupt: Warum ist der Himmel jetzt so stumm? Keine Sterne mehr.
Es kommt auf die Stellung deiner Krallen an. Als hätte einer
mit schwarzem Löschpapier die Lichtpunkte ertränkt. Du musst
Raum fordern, musst mit der Klaue in die Milchstraße hauen.

Bewundre dich dann, ach meine Sternenkatze, bewundere dich!
Ich mag deine Blinzeleien, deine Ausdauer, du ranke Akrobatin.
Du ziehst und zerrst und ziehst an dem tiefdunklen Teppich.
Sag mal, geschieht das alles wirklich unter dieser Stehlampe?

ÜBERFALLARTIG, DAS VERTRAUTE

TUNIS 2019

Von der Sonne ausgeschnittene Linien
wie Hennastickereien auf ihrem Fußrücken.
Derlei waren die Dinge, die Aziza mich sehen
lehrte, und den Glanz des Sirups auf der Haut.

Aufreizend langsam die Einfahrt des Schiffes
in den Hafen. *Gare maritime*: Gebäudeklotz,
alles neu: neues Glas, neuer Zoll, neue Beamte.
Aber später in der Stadt gleich das Vertraute,

fast überfallartig: Tropfen von Orangenblütenwasser
im Kaffee, die Hände gewaltige Verstärker der Worte,
in den Toiletten Geruch grüner Seife, Spuren von
Schaum im Blau des Spiegels. Geruch dieses Himmels.

Und die Haut. Gänsehaut abends am Strand, die Fähre,
die uns nach Gammarth brachte, fährt ohne uns zurück
nach Trapani, schrumpft zur Zukunft, zum weißen Punkt.
Doch haben wir die Sterne, hier wie dort. Dick und gelb.

Das Vertraute: Das gestreifte Gilet von Fadhel al Jaibi,
seine Eloquenz, die Augen von Aziza, ein großes Auge
und ein kleines, meine Lehrerin mit dem Silberblick.
In der Mitte ihrer Hand die Schönheit der Dinge, und

überall ist Musik, in den Kinos, in den Cafés,
deren Fenster jetzt mit Packpapier ausgeschlagen werden,
damit wir immer weiter singen, weiter trinken können, als
sei kein Ramadan, als legten sich die Flaschen nicht schlafen.

IN TUNIS
(noch einmal)

Damals hatte ich Zeit,
die Dinge herbeizusehnen.

Aziza allein, fern von Touristen,
eine Silberagraffe, die nur für mich sich löst,
eine Katze, die nur mir gehört,
besser zwei Katzen, und eine Fahrt
im Autoscooter auf der Habib Bourgiba,
Richtung Hamilcar und La Marsa-Plage,
zur Palmenallee, die vor Kraft zerschellt.

Gleicht dieser Sommer wirklich dem vorigen?
War das Jahr nur Warten und Onanie?
Du musst nur Sehnen sein, schrieb ich
ins Tagebuch, und: Die Zeit wird nicht vergehen.
Weil du sie rettest, legt sie sich auf dich,
die Schülerinnen gehen ins Meer, die Lehrerin
hält ihre Hände, und ich hinterher.

PULA ODER TROST

Du stehst im Durchzug wie immer
Durchreise leise das Piano
in der Bar die ein gehobenes Bordell
imitieren will
eine braune Decke aus getrocknetem Ketchup
auf allen Tischen Schatten von Absinth
jeder Blick endet an silbrigen Palmen
eine Garnisonsstadt eben
braun und Tiere und voller Trost

auch das Meer von ungeheurem Silber
später ein tätowiertes Knie
arabische Inschrift aber es waren
doch nur Venezianer und Österreicher hier
trapaniert das Knie Pula Trapani
ein Katzensprung mare nostrum
eben die Götter unzerstörbare Tiere

EPITAPH EINES PHÖNIZIERS

Sinnlos,
Euch meiner Stele zu nähern.
Weder Gold, noch Edelsteine
noch sonst Wertvolles
wurden mit mir begraben.
Ich liege mit den Kleidern,
die ich zuletzt anhatte, tief in der Erde
und zerfalle immer mehr.

Ich liege in den Armen von Baal,
im Schoß von Edom
und all den anderen Boten der Großen Stille.

Diese Kraft zerstört bitte nicht.

LABORATOIRE DES MARBRES

Der Nordwind und die See so rein
wie vor 3000 Jahren, als Menelaus
am Ras el Tin landete. Viele in Alex
beschäftigen sich mit der Ewigkeit.
Auch Monsieur Basile Bass. Er betreibt
das *Laboratoire des Marbres* in Ramleh.
Auf dem Briefkopf steht untereinander: Marmor
aus Konstantinopel oder Hellas oder Italien.
Herr Bass ist Lieferant und zugleich Bildhauer.
Er bietet Monumente an, Engel und Gräber
jedweder Gestalt. Hariclias, der Mutter des Poeten
Grab wurde von ihm entworfen, als sie noch
lebte und Ismail Pascha, immerhin Vizekönig
Ägyptens, ihr Avancen machte. Die Berührung
ihres weißen Unterarms. Lebenslänglich setzt sie
sich fort in der Krümmung des Rückens des Engels.

IN DEN KATAKOMBEN

Die Mautstollen des Gedächtnisses,
in eine ausgewaschene Karte geritzt.
Erst wo sich alles berührt, wird es genau.
Und weil die dunklen Erinnerungen teurer sind
als die hellen, ist viel zu entrichten,
bevor die Gesten wieder vergessen sind.

Vergessen auch der schön überwachsene Winter
im Mai, die blitzenden Agaven des Vaters.
Natürlich spielen Lanzen aus Wörtern
dir all diesen Irrsinn ans Herz. Der Himmel
bleibt verschlossen im großen Kiel
aus Lehm. Jetzt unter der Erde vernimmst du

am Morgen nicht mehr den Vogelchor.
Geborstener Ton, Asche, Kot. Meinst du,
der Vergänglichkeit so eins auszuwischen?
Willst du tiefer umarmt sein? Streng dich an.
Strengt euch an. Lasst die Knochen laufen
und faltet den Wirbel hinter den Händen.

BLÜTENWEISS

Ich bin zurück und habe wenig Zeit
für die dornige Ebene der Messaouira
mühsam alles   mühsam
Sand von Tozeur auf Terrassen und Geländern
Kürbisse so groß dass sie Angst machen
Herrlich nur
die weiße Bougainvillea überall in Paphos

abends am sternenlosen Himmel ein Rest von Helligkeit
der von der weißen Bougainvillea kommt
man sagt ja   blütenweiß
das Schönste, das Paphos zu bieten hat
längst hat die Stadt den Glauben an Marmor verloren
es ist eine hässliche Stadt getarnt mit weißem Schimmer
fast schlief ich ein

PALAVERN NÜTZT NICHT VIEL

Im Süden ist immer etwas los
In der Luft Ascheschlangen von Plemmirio
In den Mauern feine Haarrisse
ohne Sinn und Richtung
wir nehmen den Pfad zwischen den Quadern aus Stein
bis sich die blitzenden Sommerkleider lösen
das Meer ist nicht von mir erschrieben
es ist rauchgrau richtig grau
breite Eisenringe halten zusammen
was seitlich fortrutschen will
immer die Frage nach Liebe
und in den Häusern oben wohnen Tauben

DIE RUSSISCH BLAUE

Die russisch Blaue spielt mit einer gewaltigen Kakerlake.
Ali, stark vermummt, führt das Kamel, das seinen Sarg trägt.
Wir sind in Sariyler. Das Wasser des Bosporus ist dunkel.
Eine Strömung bringt das Schwarze Meer herein.
Schwarze Delphine, schwarze Särge, schnittig, triefend,
russisch blau, *russian blue*, mit stechend gelben Augen.
Mit ihnen, mit Fingernägeln öffnen wir die Pistaziennüsse,
es schmeckt russisch, salzig, kakerlakig
nach dem Geräusch des Wassers, das geteilt wird,
Delphine wieder, aus dem Silber sich erhebend, triefend,
verziert, Nebengäste der schönsten Gestalt.
Ergriffen blicken wir ihnen nach. Sie sind
eine der wenigen Versprechungen der Welt,
wie die stechend gelben Augen der Nilotinnen.
Vergessen hätte ich es fast: Russisch Blau ist der Name
für ein tiefes, tief dunkles, funkelnd graues Grau.

TIERE DES SÜDENS

FEST IM TIERGARTEN

Es gab Obst, Bücher und kalte Getränke.
Teppiche wurden geholt und geflickte Stoffe,
bis die Wiese damit ganz ausgelegt war.
Wir erkannten die aufgetrennten Kleidungsstücke:
Ärmel, Hosen, die Rücken, Krägen, Schöße.
Wir suchten nach den Wächterinnen und ihren Scheren.
Es war alles so verlogen und doch hell, und so klar.
Wahrscheinlich ein Handel mit Wasser, Perlen
oder einem Gedicht aus der Dose?
Viele sagten teure Gedichte auf, doch das Licht
war schwach, die Stimmen schwächer.
Spät kam ein Gratulant mit Schnittblumen
und heiterte uns auf. Spät kam die Katze.
Der Verlauf des Rußes auf ihrem Fell gab uns zu denken.

TIERE DES SÜDENS

Es regnet Eidechsenzähne
summend kleben zwei Fliegen
der Schrei der Geckos
ihre eilfertigen Gamaschen

Wenn du die Zikadensuppe löffelst
kannst du singen schön
wenn du viele Zitronen trägst
wirst du jung

Was ist das Alter der Seele?
Es ist Wachs in deinen Ohren
vermischt mit Salz und ohne Ruß
es ist das Alter des Chamäleons

ENTSTEHUNG DES GEDICHTS

Die Rosen leuchteten
als brennten sie am eignen Leib
aus dem Schnabel der Echse
floss eine düstere Flüssigkeit
die den Fechtboden meines Hauses bedeckte
düster der Verstand dunkel das Haus

Der Verstand tanzte am Rand der Wand entlang
und schob ein Gedicht über den Rand
und holte ein anderes Gedicht wieder zurück
um es auf dem steilen Hang zu bebrüten
ich lag so da auf ihm und wusste
wie der Schlaf mein Gedicht modellieren wird

So schräg die Falten dass der Verstand
über blaue Schenkel wird streunen können
blau nach dem Eingriff und lila marmoriert
Als ich aufwachte lief das Gedicht
an der Wand entlang es war
von der wilden Sonne zurechtgeklopft worden

AFFE

Weiterflug in die Regenzeit
Gorée oder Fort Dauphin
unter dem Flügel die Wellblech-City
aus Lichtfolgen gestanzt, helles display:
‹reading› ‹reading› ‹reading›
und nichts bewegt sich fort
narkotischer Leerstand
unbewegliche idiotische Sukkulenten
neben dem Rollfeld
an Land getriebene Rimowa-Koffer
Blicke enden an Pontons
Zement, unzugänglich, und Nacht.
Im Sternbild der Affe

Wenn dich im Traum der Affe beißt
ist der Traum nicht wahr
du musst die Namen nehmen
die es für Sterne gibt
und nichts erfinden
im Haus der falschen Felle
nichts

KURZE ANLEITUNG ZUM
ÄGYPTISCHEN BAUCHTANZ

Man nehme ein geröstetes Kissen und viel altes Gelb
man nehme vergoldete Ohrstecker mit grünen Bordüren
an denen Licht herabrinnt wie Silber von Basalt

Der Nabel soll die Spindel sein der Schwibbel-schwabbel
des Betriebs aus Muskel Fett und Bogenpolster
aus Plunder Wölbung Diskus Schenkel und Gewalt

Man stehe auf Füßen umfangen von blitzenden Ringen
und zeichne anhand von drei Punkten (Auge Steiß
Knie) die eigene Figur noch einmal nach Überrumpelt

nur der Hintern so peinlich groß in all dem Taft

DIE BEDEUTUNG DES KERZENLICHTS
IM LEBEN VON CASANOVA

Er küsst mehr als er sieht

(nach nicht ganz sicheren Quellen
hat Casanova nie am Tag geliebt)

Er zupft mehr als er hört

(vor der Ära der billigen Gitarren
gab es keinen Unfug mit der Liebe)

Im großen Spiegel wird er größer
Anstrengen wird er sich

(Später im Standby – Modus schaut er
auf seine Verlustrouten im Internet)

Er will doch sehen was er berührt hat
und streichelt den Kummer mit Sprache

DAS KAISERREICH VON TRAPEZUNT

Das Papier, das das Reich ausrief,
gelangte nur bis ins Vorzimmer.
So groß der Plan, so viel Wahn.
Die pontischen Griechen flohen, ermordet
oder nicht, über lehmgraue Küsten
nach Norden. Der Keilflug der Vögel
hatte das Unheil vorausgesagt.
Sie hatten nichts darauf gegeben.
Immer hofften sie, wie Irre,
auf die unerwartete Wendung im Leben.

HINTER DEM BERG

In dem allgemeinen Durcheinander
ungenauer Gefühle
schaust du auf die Welt die wartet
die voll Erwartung ist
Frauenfall weicher als Männerfall
die Glanzunterschiede deutlicher
wenn du hinter dem Tode hältst

Vieles erledigt sich
durch das nicht Ausdenkbare
die feinen Craquelés in der Haut
Frauenhaut heller als Männerhaut
Unterschiede eben von Glanz
und du ohne Erwartung ganz
was sterbenswert ist am Leben

DU SAGST ES

Die Mirabellen sind reif geworden und
wurden gepflückt.
Jetzt kommen die Brombeeren.
Schwarze Geschosse lauern sie im Dickicht.
Was sind die Namen unserer einfachsten Pläne?
Schaufel, Becher, Pokal.
Pokal? Lorbeer?
Du sagst es. Du gurgelst.
Du willst Ruhm.

STREUGUT

Im Garten der Vogel, ein Ton:
die Erwartung von Musik,
und dann ein anderer Ton:
die Erinnerung an Musik.

Ich sage der Zeit: Was noch?
Wirklich weiter so? Ein Fastnichts
die Erinnerung, eine Ankunft
im Abschied: Musik.

So tönen. So ein Schönes.
Tönt's? Tschilpt's?
Sommerviel.
Wir versuchen zu pfeifen,
zu singen. Dem Vogel nach.
Es tropft Licht, Messiaen.

LICHTERLOH

von Tag zu Tag kommt keiner mehr
wir leben in den Büchern
die Milch vor der Tür verkrustet

ein Igel noch und das Gedächtnis
schwächeres Gedächtnis noch
Zeugnisse so von Wein durchtränkt

dass sie kein Schicksal mehr belegen

dem Sommer bringt es tiefes Grün
Pfandhäuser mit verwilderten Sachen
den Wunsch ruhiger Regen zu sein

leichter Regen durchsichtig
auf Wasser fallend störrisch
alles andere soll brennen

ÜBER EINEM MOTTENDEN FEUER
(Coda mit Kadenz)

Jedes Einzelne bedeutet dir etwas: das welkende Blatt,
die Zeit des Jahres, die kommt und geht. Jetzt am Morgen
bist du schon froh, wenn sich dein altes Blut noch rührt. Denn:
Was gegeben war, verdunstete schon. Es bleiben die vom Gras
zerschnittenen Füße, die groben durchlöcherten Sandalen,
Erinnerungen an ein nachgiebiges, unendlich weiches Wasser,
in das du dich fallen ließest. Viele Reisen. *Calme et volupté.*
Viele Erinnerungen, aufgereiht wie vertrocknete Pilze,

Boviste über einem mottenden Feuer.

Wir blättern in den Fotoalben alter Stämme. Die Geburt
der Planeten geschieht in Scheiben aus Staub und Glas.
Wann eigentlich geht dies neue Leben an? Wenn die Baracke
für Erinnertes durchschritten ist? Der Abschiedsraum
verlassen? Wenn vom Holzbrett alles Tomatenmark
gekratzt? Erinnere dich: Es war schon immer
der größte Ehrgeiz der Fotografie, in einem Familienalbum
zu enden, das nun von uns betrachtet wird, friedlich,

gelassen, im Widerschein des Feuers.

Wir versuchen Fehler in den Ornamenten zu entdecken.
Wir finden sie. Kleine Unregelmäßigkeiten. Die Träne tritt
neben der hochroten Ferse ans Licht. Eine leuchtende Pyramide
wird auf ihre Spitze gestellt. Die Stents pulsieren vom Herzen weg,

das in einem grauvioletten sandigen Delta steckt. Wir sprechen mit den gleichen süßen Lippen und einer gegabelten Zunge. Wenn wir *endlich* die Kunst des Auflösens beherrschen, können wir Teil dessen werden, was wir tun. Zu singen, zu sterben.

ANMERKUNGEN

Selinunt ist eine ausgedehnte griechische Ruinenstadt mit zahlreichen großen Tempelbauten an der Südküste Siziliens. Sie liegt unmittelbar am Mittelmeer. Der Maler Nicolas de Staël, 1914 in St. Petersburg geboren, Freitod 1955 in Antibes, besuchte Agrigent und Selinunt 1953. Seine Tochter Anne de Staël beschreibt in einem Brief, wie ihr Vater in Selinunt »den Sturm der Ruinen« zeichnete und am Abend ins Meer hinausschwamm »allein, in die Ferne. Die Nacht verschloss das Meer. Für mich gab es keine Rückkehr, und er ist auch nicht zurückgekehrt.« (Zitiert in dem Katalog »Nicolas de Staël en Provence«, Hazan, 2018)

Arethusa ist der Name einer Nymphe, die von dem lüsternen Flussgott Alpheios verfolgt wurde. Ihr Mythos wird am ausführlichsten von Ovid in den »Metamorphosen« erzählt. Sie bittet Artemis, ihre Schutzgöttin, um Hilfe. Die Göttin verwandelte sie in eine Quelle, die unter dem Peloponnes und dem Meer hindurchfloss und auf der Halbinsel Ortigia wieder austrat. Aber Alpheios gab nicht auf und folgte ihr und vermischte sich mit dem Quellwasser der Arethusa in Syrakus. Die Silberdrachmen der von Delphinen umgebenen Arethusa (ab 450 v. Chr.) gehören zu den schönsten und bedeutendsten Münzprägungen des Altertums.

Großer Hafen von Syrakus: Der athenische Feldzug gegen Sizilien in den Jahren 415 bis 413 v. Chr. – mit dem Hauptziel, Syrakus zu erobern – war eine der größten Militäroperationen seiner Zeit und endete mit einer katastrophalen Niederlage der Athener. Ihre Flotte bestand aus 134 Triremen, davon 100 von Athen, die anderen von Chios, Lesbos und weiteren Verbündeten. Hinzu kamen über 30 Versorgungsschiffe. Die Truppenstärke belief sich auf rund 10.000 Mann. Nach mehreren Landgefechten und Scharmützeln im sogenannten *Kleinen Hafen von Syrakus* trafen die Flotten – rund 100 Schiffe auf jeder Seite nach damaligen Berichten – im Großen Hafen aufeinander. Die Syrakusaner rammten die Boote der Feinde, enterten die Schiffe und richteten ein gewaltiges Gemetzel an. Tausende von Gefangenen arbeiteten nach der Niederlage in den Steinbrüchen, den sogenannten *Latomien*. Diese Schlacht ist bis heute ein Studienobjekt des Völkerrechts und der internationalen Beziehungen, auch wenn sich die Umstände seit dem 5. Jahrhundert vor Christus grundlegend geändert haben. Die britische Presse hat zum Beispiel den Bush/Blair-Feldzug gegen den Irak als die größte militärische Niederlage bezeichnet, seit die Athener versucht hätten, Syrakus einzunehmen.

Ibn Hamdis gilt als der bedeutendste arabische Poet Siziliens. Geboren 1056 in Syrakus starb er 1133 auf Mallorca. Seine Familie war begütert, kam im Zuge der arabischen Eroberung schon im 9. Jahrhundert nach Sizilien und ließ sich später im Val di Noto nieder.

Als die Normannen 1072 Messina einnahmen, verließen die Araber die Insel. Ibn Hamdis floh nach Sfax, von Sfax nach Sevilla, wo er 13 Jahre lang zur Blüte der Dichtkunst in *El-Andalus* beitrug, jenem Ort ungewöhnlicher Toleranz zwischen verschiedenen Religionen, Kulturen, Völkern und Sprachen. *Jawhara* war der Name seiner Lieblingssklavin. Sie war auf der Schifffahrt nach Sfax nach einer Havarie gestorben. Ibn Hamdis widmete ihr einige seiner schönsten Gedichte. Die in Catania geborene Sängerin Etta Scollo hat Gedichte der berühmten sizilianisch-arabischen Dichter zu Musik gesetzt und singt sie auf außerordentlich bewegende Weise.

Téléphone arabe bezeichnet im Französischen ein Spiel, in dem Nachrichten von einem Spieler zum nächsten weitergegeben werden und beim Endempfänger oft verändert ankommen. Die deutsche Entsprechung ist *Stille Post*, die amerikanische *Chinese Whispers*. Die französischen Kolonisatoren im Maghreb waren in den ersten Jahrzehnten des 20. Jahrhunderts von der Schnelligkeit beeindruckt, mit der eine Information unter den Einheimischen zirkulierte, und hatten diese Bezeichnung erfunden.

Caravaggio suchte Zuflucht in Syrakus, nachdem er auf Malta einen Ritter des Johanniter-Ordens in einem Duell schwer verletzt hatte. Sein Kollege aus gemeinsamen früheren Zeiten in Rom, *Mario Minetti*, nahm ihn im Oktober 1608 in Syrakus auf und verschaffte ihm einen Auftrag. Caravaggio malte »Das Begräbnis der Santa Lucia«, ein beklemmend düsteres Altarbild für die Kirche der Stadtheiligen von Syrakus.

Die *Van-Katze* ist eine äußerst seltene Katzenrasse aus dem Osten der Türkei. Sie verdankt ihren Namen dem Van-See, in dessen abgeschiedener Lage sich diese Rasse angeblich seit über 2000 Jahren entwickelt hat. Ihr Fell ist durchgehend kalkweiß, die Augen zweifarbig, entweder blau und grün oder blau und bernsteinfarben. Was in Deutschland als ›Türkisch-Van‹ bezeichnet wird, mit Farbzeichnungen im oberen Kopfbereich und am Schwanz, sind im strengen Sinn keine Van-Katzen, die durchgehend weiß und sehr selten sind. Die in der Stadt Van ansässigen Kurden, Türken und Armenier betrachten die Van-Katzen als »ihr« göttliches Tier. Einmal im Jahr gibt es Schönheitswettbewerbe in Van. Auf einem Catwalk präsentieren Familien ihre schneeweißen Tiere und hoffen auf eine Prämie. *Kedi* ist das türkische Wort für Katze, die Van-Katze heißt im Türkischen *Van kedisi*.

Utagawa Kuniyoshi (1798–1861) war mit Hiroshige und Kunisada einer der Meister des japanischen Farbholzschnitts am Ende der Edo-Zeit. Neben Schauspiel- und Landschaftsdrucken war Kuniyoshi auch ein genialischer Tierdarsteller, vom Walfisch bis zur Hauskatze, die er oft in ungewöhnlichen Konstellationen und mit großem Einfühlungsvermögen zeigte.

Aziza ist der Name einer tunesischen Tänzerin, die in den 1950er und 1960er Jahren als »Beduinen-Tänzerin« sehr bekannt wurde. Sie trat in Casinos auf, aber auch auf Kreuzfahrtschiffen, die im Hafen von Tunis ankerten. Ihre Darbietungen gingen auf alte Tänze der Berberstämme zurück und hatten mit dem ägyptischen Bauchtanz nichts gemein.

Epitaph eines Phöniziers: Der Originaltext aus dem 9. Jahrhundert v. Chr. wurde in Olivier Masson und Maurice Szyncer, »Recherches sur les Phéniciens à Chypre, Hautes Études Orientales II, Librairie de Droz«, 1972 erstmals publiziert. Der türkisch-zyprische Dichter Mehmet Yasin hat es aus dem Französischen ins Englische übersetzen lassen und in der Anthologie »Early Cypriot Poetry«, YKY, 1999 erneut veröffentlicht.

INHALT

SIZILIEN IST NICHT TOT

Aufwachen in Ortigia   *9*
Auf der Terrasse, Piazza del Precursore   *10*
Sizilianische Nebeninsel   *11*
Selinunt   *12*
Die Nekropole von Pantalica   *13*
Trapani   *14*
Siracusa   *15*
Morire a Siracusa   *16*
Téléphone arabe   *17*
Beim Barbier, Via Roma, Ortigia   *18*
Panino di notte   *19*
Lügen über Caravaggio   *20*
Ortigia   *22*
Replik   *23*
Großer Hafen von Syrakus   *24*
Übungen: Was bleibt   *25*
Inventur des Vulkans   *26*
Im Hinterland, abends   *27*

KEDI oder KATZE VON VAN

Kedi I   *31*
Kedi II   *32*
Kedi III   *33*
Kedi IV   *34*
Kedi V   *35*
Katze von Van   *36*

Requiem für eine Katze *37*
Die Katzen des Kuniyoshi *38*
Kedi VI *39*
Kedi VII *40*
Kedi VIII *41*

ÜBERFALLARTIG, DAS VERTRAUTE

Tunis 2019 *45*
In Tunis *47*
Pula oder Trost *48*
Epitaph eines Phöniziers *49*
Laboratoire des Marbres *50*
In den Katakomben *51*
Blütenweiß *52*
Palavern nützt nicht viel *53*
Die russisch Blaue *54*

TIERE DES SÜDENS

Fest im Tiergarten *57*
Tiere des Südens *58*
Entstehung des Gedichts *59*
Affe *60*
Kurze Anleitung zum ägyptischen Bauchtanz *61*
Die Bedeutung des Kerzenlichts im Leben von Casanova *62*
Das Kaiserreich von Trapezunt *63*
Hinter dem Berg *64*
Du sagst es *65*
Streugut *66*
Lichterloh *67*
Über einem mottenden Feuer *69*

Anmerkungen *73*

Aus Verantwortung für die Umwelt hat sich der
Verlag Kiepenheuer & Witsch zu einer nachhaltigen Buchproduktion
verpflichtet. Der bewusste Umgang mit unseren Ressourcen,
der Schutz unseres Klimas und der Natur gehören zu unseren
obersten Unternehmenszielen.
Gemeinsam mit unseren Partnern und Lieferanten setzen wir uns
für eine klimaneutrale Buchproduktion ein, die den Erwerb von
Klimazertifikaten zur Kompensation des CO_2-Ausstoßes einschließt.

Weitere Informationen finden Sie unter
www.klimaneutralerverlag.de

Verlag Kiepenheuer & Witsch, FSC® N001512

1. Auflage 2021

© 2021, Verlag Kiepenheuer & Witsch, Köln
Alle Rechte vorbehalten
Covergestaltung: Rudolf Linn, Köln
Covermotiv: Nicolas de Staël, Agrigente, 1953;
© VG Bild-Kunst, Bonn 2020
Gesetzt aus der Corporate A Pro
Satz: Buch-Werkstatt GmbH, Bad Aibling
Druck und Bindung: CPI books GmbH, Leck
ISBN 978-3-462-05300-5